DE LA DOMINATION FRANÇAISE

EN ALGÉRIE

PARIS. — TYPOGRAPHIE DE HENRI PLON, IMPRIMEUR DE L'EMPEREUR,
RUE GARANCIÈRE, 8.

DE LA

DOMINATION FRANÇAISE

EN ALGÉRIE

PAR

M. LE Mⁱˢ DE MONTPEZAT

ANCIEN COLONEL D'ÉTAT-MAJOR.

———

PARIS

HENRI PLON, IMPRIMEUR-ÉDITEUR,

RUE GARANCIÈRE, 8.

—

1865

Tous droits réservés.

AVANT-PROPOS.

Le voyage de l'Empereur en Algérie a produit une grande sensation ; partout on a compris que le développement de notre colonie africaine peut ajouter quelque chose à la grandeur de la France.

Les Arabes, naguère soulevés, à peine refoulés dans leurs retraites et que l'on pouvait croire encore pleins de colère, ont, tout à coup, paru subjugués et sont venus faire cortége au souverain puissant qui les a vaincus.

D'autre part, les colons européens ont repris confiance : l'horizon éclairci a, sur tous les points, autorisé les plus belles espérances.

Les paroles de l'Empereur ont exprimé sa bienveillance pour tous, et son désir de rapprocher les races diverses, de les unifier, s'il est possible, dans la nationalité française, la seule qui puisse désormais les protéger.

Nous croyons donc ne pas nous éloigner des intentions généreuses de l'Empereur en proposant de fonder, dans les intervalles des populations indigènes ou des populations mixtes nouvellement établies dans le pays, une colonisation exclusivement française qui leur présente un type de la nationalité qui leur est offerte et leur serve de trait d'union entre toutes.

Cette colonisation, exclusivement française, ne doit rien contrarier de ce qui existe, rien de ce qu'on pourrait vouloir constituer à côté d'elle. Tout ce qu'elle désire, c'est la paix; tout ce qu'elle demande, c'est une place au soleil.

Le système que nous proposons répondrait certainement à de grandes convenances politiques, et procurerait en même temps des avantages sociaux non moins considérables.

DE LA DOMINATION FRANÇAISE EN ALGÉRIE.

La discussion de l'adresse au Corps législatif, à l'ouverture de la session de 1865, a été pleine d'intérêt, spécialement en ce qui concerne l'Algérie.

Dans cette discussion, l'opposition a fait connaître ses vœux, et il y a été répondu par M. le général Allard, commissaire du gouvernement, avec l'autorité que donne une connaissance parfaite des choses.

L'opposition demande un système nouveau d'administration de la colonisation, des libertés, le désarmement.

L'organe du gouvernement promet dans l'avenir ce que l'opposition demande; mais après l'affermissement d'une complète sécurité sans laquelle rien n'est possible.

M. le vicomte Lanjuinais, membre de l'opposition, a dit, en s'adressant à la chambre : « Messieurs, il y avait une idée qui a été reçue et acceptée par tout le monde pendant une vingtaine d'années à ma connaissance, c'est qu'il n'y avait qu'une solution possible à la question algérienne, c'est que dans un avenir plus ou moins prochain, au lieu d'une armée de 70 à 80,000 hommes, on pourrait se contenter de 25 à 30,000 hommes, ce qui n'aurait aucun inconvénient pour la métropole, et lui laisserait tous les avantages de la disponibilité de son armée.

» Tout le monde a eu, pendant vingt ans, l'idée que tous les efforts du gouvernement devaient tendre à établir en Algérie une population de **800,000** ou d'un million d'Européens, capable de faire par son importance équilibre à la population indigène. »

M. le général Allard a répondu :

« J'ai pour mon compte la plus profonde conviction que la solution de la question algérienne ne sera arrivée que le jour où le grand courant d'émigration qui parcourt l'Europe, et se porte dans d'autres contrées, se sera dirigé vers l'Algérie, et viendra y former une masse compacte de 7 à 800,000 Européens qui seront la base la plus solide de notre établissement. »

Ainsi, l'opposition et le gouvernement sont d'accord sur ce point : que c'est par la colonisation que la question algérienne doit être résolue. Nous sommes aussi de cet avis que la question algérienne doit être résolue par la colonisation, mais nous différons avec M. le vicomte Lanjuinais et M. le général Allard sur la nature de la colonisation à fonder.

L'opposition demande des libertés et le désarmement; M. le vicomte Lanjuinais, en particulier, et même M. le commissaire du gouvernement se contentent de colons quelconques.

Quant à nous, nous ne saurions espérer que des institutions plus libérales données à nos colons, ni que l'affaiblissement de l'autorité militaire puissent nous rendre les Arabes plus favorables! Nous ne saurions non plus espérer qu'une colonisation composée d'éléments différents, n'ayant ni origine, ni mœurs, ni langue, ni religion semblables, puisse jamais, par le seul fait de son développement, donner à la sécurité publique des garanties suffisantes.

Nous admettons que cette colonisation cosmopolite puisse obtenir de grands résultats agricoles ou industriels, et nous respectons tout ce qui a été fait en ce sens, mais avant tout il s'agit pour nous de la domination du pays, et voilà pourquoi nous demandons une colonisation essentiellement française et militaire.

Une colonisation composée d'éléments divers n'aura pas l'esprit français, ne se soumettra que difficilement aux exigences de discipline, si nécessaire en présence de populations telles que les Arabes, et n'exercera autour d'elle aucun prestige. L'intérêt individuel pourra bien la réunir à un jour donné, pour résister à une attaque prévue; mais sans cesse elle sera victime de surprises, et tout à fait incapable de prendre part à aucune opération de guerre sérieuse.

On aura, il est vrai, la ressource des *goumes*[1] auxiliaires et mieux encore des troupes indi-

[1] Milice arabe.

gènes organisées. On a vu ces dernières à
l'épreuve, en Crimée, en Italie, en Chine, au
Mexique ; partout elles ont rivalisé avec nos
plus braves soldats, partout elles ont été fidèles ;
mais ne serait-ce pas trop attendre d'elles que
de leur demander le même dévouement contre
leurs frères de l'Algérie?

Pour ne pas placer ces troupes dans une
fausse position, il faut qu'elles soient toujours
appuyées sur une force française suffisante. Et,
à défaut de l'armée, cette force ne peut se trouver que dans une colonisation essentiellement
française et militaire, une colonisation puis-
sante, exerçant une grande influence morale,
une colonisation qui soit comme l'âme de notre
établissement algérien tout entier.

Plusieurs des personnes qui se sont occupées
des affaires de l'Algérie ont apprécié l'utilité
qu'il y aurait à y fonder une colonie essentiellement française, mais toutes y ont renoncé, en
présence de difficultés qui leur ont paru insur-
montables.

Et en effet, les familles honnêtes, laborieuses,

adonnées à l'agriculture, telles qu'il les faudrait pour constituer une colonisation sérieuse en Algérie, trouvant toutes à vivre facilement en France, préfèrent y rester plutôt que d'aller au loin chercher une condition meilleure.

On rencontre dans cette disposition de nos populations agricoles un grand obstacle. Mais doit-on, par ce motif, renoncer à constituer en Algérie une colonisation essentiellement française ?

Nous pensons que l'on pourrait y réussir en y employant les enfants assistés.

Ces enfants sans famille, qui n'ont en France qu'une existence précaire, et qui, trop tôt livrés à eux-mêmes, tournent souvent à mal, ces enfants aujourd'hui malheureux et sans avenir, pourraient au contraire trouver dans la colonisation une existence utile et honorable. Voilà l'élément que nous proposons. En colonisant les enfants assistés, on réaliserait en même temps une grande œuvre politique et un grand bienfait social.

Les enfants destinés à la colonisation seraient

envoyés en Afrique à l'âge de sept ans au plus tard. Arrivés en Afrique, ces enfants seraient confiés à des personnes choisies à cet effet, à des religieuses, s'il était possible, et établis dans des maisons où ils seraient isolés de tout contact extérieur. Nous appellerons ces maisons *prytanées* pour les garçons et *gynécées* pour les filles. Les enfants y seraient élevés chrétiennement et dans l'habitude de la vie des champs. On les formerait au travail, au respect de l'autorité, au sentiment du devoir, au dévouement à la patrie.

L'instruction des garçons serait dirigée de manière à en faire de bons cultivateurs, de bons artisans ruraux, de bons soldats. On leur enseignerait la langue arabe, en même temps que la langue française.

A dix ans, on les confierait à des hommes qui ne les quitteraient plus jusqu'à leur sortie des prytanées.

A quatorze ans, nos élèves coloniaux seraient exercés au maniement des armes, à l'école du soldat, aux éléments de l'équitation, aux soins intelligents à donner aux chevaux, et aux travaux d'agriculture proportionnés à leurs forces.

A dix-huit ans, s'ils consentaient à contracter un engagement militaire de sept ans, on les formerait en bataillons d'infanterie, en escadrons de cavalerie et en compagnies d'artillerie.

Ces troupes seraient établies de manière à protéger l'installation coloniale, mais en évitant, autant que possible, tout contact entre elles et les troupes de la métropole, afin de concentrer leurs idées et leurs aspirations sur la terre d'Afrique. On leur donnerait ainsi un esprit de corps qui leur serait propre et en rapport avec leur destination.

Chaque année les troupes coloniales seraient exercées à la marche, au campement et aux manœuvres de guerre. Dans les intervalles de temps disponible, ces troupes seraient employées à des travaux d'utilité publique, tels que routes, chemins de fer, canaux, assainissements, défrichements, constructions, fortifications, etc....

Dans certaines circonstances, les troupes coloniales pourraient fournir des auxiliaires aux agriculteurs, et d'habitude elles entretiendraient des jardins où elles cultiveraient les légumes et les fruits nécessaires à leur subsistance.

Après quatre ans de service actif, les soldats coloniaux qui en feraient la demande pourraient être autorisés à passer à la réserve dont il sera parlé ci-dessous, mais à condition de contracter un nouvel engagement de sept ans ; en sorte qu'aux termes de ce nouvel engagement, ces soldats auraient fourni quatorze ans de service, dont quatre dans les corps de troupes actives et dix dans la réserve.

Les élèves des prytanées qui n'auraient pas profité de la faculté de s'engager à dix-huit ans demeureraient soumis aux éventualités de la loi du recrutement ; et s'ils devaient servir, ils seraient incorporés aux troupes actives coloniales pour y rester jusqu'à leur libération. Après leur libération, ces hommes pourraient encore obtenir leur admission dans la réserve, à condition d'y servir pendant sept ans. Mais ils pourraient demeurer en dehors de toute obligation militaire et même obtenir, à titre de fermage, des lots de dotation dont il sera parlé ci-après.

La réserve, organisée de même que les troupes actives, serait chargée de la garde ordinaire des villages et de la protection des cultures. Elle prendrait les armes dans toutes les circonstances de danger public, et fournirait des détachements pour toute espèce de service extérieur. Au besoin, on pourrait la mobiliser tout entière.

A l'expiration de leur service dans la réserve, les soldats coloniaux passeraient dans la garde nationale, qui se composerait de la totalité des hommes non compris dans le service actif ou dans la réserve.

La garde nationale serait habituellement chargée du maintien de l'ordre public, et dans les circonstances graves, on lui confierait la défense locale.

Pendant les premières années, les officiers et sous-officiers des troupes actives coloniales seraient exclusivement pris parmi ceux de l'armée qui en auraient fait la demande. Après deux ans de service dans les troupes coloniales, ces officiers et sous-officiers, momentanément détachés, rentreraient à leurs corps et seraient remplacés par d'autres.

Après les premières années, les troupes coloniales fourniraient nécessairement un certain nombre de sujets propres à l'avancement. Cet avancement leur serait accordé, soit dans les troupes coloniales, soit même dans l'armée; les troupes coloniales faisant partie intégrante des forces nationales. Les officiers et sous-officiers de la réserve seraient pris parmi les sous-officiers des troupes coloniales actives. On y admettrait également des officiers de l'armée, s'ils renonçaient à rentrer dans leurs corps.

Les soldats de la réserve seraient autorisés à se marier. Autant que possible on les marierait aux jeunes filles élevées dans les gynécées, et qui seraient âgées de dix-huit ans.

L'éducation de ces jeunes filles serait dirigée dans un esprit conforme à celui qui devrait di-

riger l'éducation des jeunes garçons. L'instruction religieuse en formerait la base. L'ensei-
gnement scolaire serait le même que celui
donné aux garçons. De plus, les jeunes filles
devraient être exercées à tous lès travaux de
l'intérieur des ménages et de l'agriculture ap-
plicables à leur sexe.

Les jeunes ménages, ainsi formés, seraient
dotés aux frais de l'État et établis dans des
villages coloniaux.

Les soldats de la réserve non mariés et sans
emploi particulier pourraient être réunis par
escouades ; ils cultiveraient ensemble des lots
de terre également fournis par l'État, et en
partageraient les produits. Ces hommes auraient toutefois le droit de s'établir isolément,
mais à leur compte.

Les élèves coloniaux, garçons ou filles, étant
présumés pouvoir fournir dès l'âge de seize ans
un travail d'une valeur plus que suffisante pour
couvrir leurs dépenses d'entretien, auraient
chacun un compte ouvert avec les maisons où
ils seraient élevés, dans lequel seraient inscrits

leurs *doit* et *avoir* convenablement évalués.

Le relevé de ce compte serait reporté dans un livret remis à chaque élève. Si la balance leur était favorable, au bout du mois, on leur en donnerait une petite partie à titre d'argent de poche, et le surplus serait placé en leur nom à une caisse d'épargne. Arrivés à leur majorité, les élèves des colonies seraient libres de les quitter, mais s'ils préféraient y rester, leur existence y serait toujours assurée, soit par leur travail, soit par une assistance convenable. En ce qui concerne particulièrement les femmes non mariées ou les veuves, les maisons religieuses où elles auraient été élevées leur demeureraient toujours ouvertes. Ainsi, à tous protection constante, sans leur demander aucun sacrifice de liberté.

Les enfants qui naîtraient dans les colonies jouiraient, comme de raison, de la plénitude du droit commun, mais sans dispense de la loi militaire, dispense que l'on a cru devoir accorder aux enfants d'Européens, en général, qui naissent en Algérie.

S'il y avait dans les colonies des enfants abandonnés, on leur ferait l'application de la loi faite à ceux qui naissent en France, en les envoyant dans une des provinces d'Afrique autre que celle où ils seraient nés.

La dotation accordée aux ménages coloniaux consisterait en la jouissance commune entre les époux, et héréditaire en ligne directe, de terres, de maisons, d'instruments aratoires, de bestiaux, de semences et d'objets mobiliers d'habitation. Des concessions de jouissances territoriales temporaires pourraient être faites aux officiers et fonctionnaires ou employés attachés aux services coloniaux. Ces jouissances pourraient être continuées aux veuves et aux enfants des concessionnaires.

Les concessions faites sur le domaine colonial, soit à titre de dotation, soit à titre de jouissance temporaire, seraient toutes passibles de contributions dont le produit serait affecté aux charges communes de chaque localité.

VILLAGES COLONIAUX ET POSTES FORTIFIÉS.

Les villages coloniaux seraient établis sur des points convenablement choisis sous les divers rapports de la salubrité et de l'intérêt de la culture. Les positions stratégiques, utiles à la sûreté générale des colonies, seraient fortifiées et confiées à la garde des troupes coloniales actives. Là seraient établies des poudrières, des magasins et des manutentions de subsistances, des ateliers pour la fabrication des armes et de tous les objets nécessaires aux troupes en campagne.

Les villages devraient être entourés de fossés et comprendre dans leur enceinte de douze à quinze cents familles au moins. On ne souffrirait dans les colonies aucune maison isolée.

Dans chaque village on trouverait autour de l'église tous les établissements publics nécessaires à une agglomération considérable de population rurale. Il y aurait une crèche, une salle d'asile, des écoles, une salle d'armes, un dépôt de munitions de guerre, etc....

Chaque village aurait son curé, un médecin, un artiste vétérinaire et tous les artisans nécessaires; mais on n'y souffrirait aucune personne étrangère à la colonie. L'administration de chaque colonie serait confiée à un commandant militaire assisté par des conseils.

Dans chaque colonie se trouverait un haras destiné à produire le plus grand nombre possible de chevaux de guerre. On pourrait aussi entretenir dans ces haras des types reproducteurs de divers autres animaux utiles.

Dès que la colonisation proposée aurait été décidée, on s'occuperait de la fondation des maisons destinées à recevoir les enfants qui leur seraient envoyés de France. Ces maisons seraient établies dans la campagne, sur des points choisis pour l'établissement des villages coloniaux dont ils seraient la première pierre.

Le nombre des villages à fonder serait déterminé par le chiffre de la force totale que devrait avoir la colonisation projetée, en partant de ce principe que chaque village devrait comprendre une population assez nombreuse pour qu'elle pût opposer une résistance énergique aux attaques dont elle pourrait être l'objet. A cet effet, le nombre des enfants à établir dans chaque village au moment de sa fondation devrait être au moins de douze cents garçons et de huit cents filles.

Nous supposons que, dans l'état présent des choses, la fondation proposée devrait se composer de trente-six villages, douze dans chacune des trois provinces de l'Algérie. Les douze villages de chaque province formeraient une division. Ils seraient établis de manière à pouvoir se soutenir mutuellement et à avoir des communications faciles avec le centre commun de leur division.

Trente mille hectares de terres cultivables devraient être affectés à chacun de ces villages, mais sans qu'ils dussent former entre eux un territoire continu. Nos colonies militaires seraient réparties dans le pays, comme des oasis au milieu du désert. L'essentiel serait qu'elles couvrissent la plus grande étendue possible du territoire déjà colonisé ou destiné à la colonisation civile ultérieure.

Les centres divisionnaires nous paraîtraient pouvoir être convenablement établis à Médeah ou Millianah, pour la province d'Alger, à Mascara, pour la province d'Oran, et à Sétif, pour celle de Constantine.

Chaque division coloniale serait commandée par un officier général.

Pendant douze années consécutives, on bâtirait dans chacune des trois divisions un prytanée, et à dater de la cinquième année de sa fondation, on établirait un gynécée par division, jusqu'au complément du nombre de douze, construisant chaque gynécée dans chaque village cinq ans après la fondation du prytanée.

Ces douze villages coloniaux par division, peuplés chacun de douze à quinze cents familles au moins, fourniraient le fond du recrutement d'environ quatre mille hommes de troupes actives, et onze mille de réserve, en tout, environ quinze mille hommes par division, et quarante-cinq mille hommes pour les trois divisions. Le complément du recrutement nécessaire pour l'entretien de cet effectif, serait fourni par les dépôts d'enfants assistés de la métropole.

Les villages seraient disposés avec goût, avec élégance même, percés de rues spacieuses, bordées d'arbres, et arrosées par des fontaines s'il était possible : les maisons seraient isolées les unes des autres et entourées de jardins, ayant chacune toutes les dépendances nécessaires.

Nous voudrions assurer à nos soldats coloniaux tous les avantages que peut donner le développement des facultés intellectuelles, le développement du sens moral et religieux; une instruction suffisante, et en outre, tout le bien-être matériel possible, afin qu'ils se sentissent heureux.

CONCLUSION.

La colonisation militaire que nous proposons garantirait l'avenir de l'Algérie, et assurerait une existence douce et utile à un grand nombre d'enfants, aujourd'hui sans appui, sans liens, sans avenir, et qui souvent deviennent un sujet d'inquiétude pour la société.

Par cette colonisation, interposée entre nos établissements du littoral et les profondeurs de l'intérieur, le *qui vive* perpétuel de l'Afrique cesserait d'être un danger.

S'il arrivait qu'un ennemi, dans l'espoir de soulever les Arabes, tentât de débarquer en Algérie, cet ennemi trouverait devant lui une armée coloniale prête à le rejeter dans la mer, tandis que des réserves préviendraient les agitations de l'intérieur. Une armée coloniale, ayant sa base d'opérations au cœur du pays, serait à l'abri de toutes les éventualités de guerre possible. Les forces vives que nous employons aujourd'hui en Afrique deviendraient disponibles ; notre politique européenne serait plus libre, et cependant l'école de guerre que l'Afrique offrira longtemps encore à nos jeunes officiers serait maintenue, la nationalité française serait à jamais implantée en Algérie, et des milliers d'enfants malheureux qui auraient été relevés de leur misère et de leur abaissement, concourraient désormais à la puissance et à la grandeur du pays.

Parmi les dangers qui menacent aujourd'hui notre société, des hommes d'État et des économistes signalent particulièrement la désertion des habitants de la campagne vers les centres industriels, et le morcellement à l'infini de la propriété ; d'où il résulte l'insuffisance des forces qui demeurent affectées à la culture, et leur impuissance à employer des moyens perfectionnés qui supposent l'étendue des terres et le concours du capital.

Ces dangers, de l'abandon des campagnes et du morcellement de la propriété, trouveraient un palliatif dans l'application de notre système. Un grand nombre des enfants assistés, élevés dans les campagnes, et qui, à peine adolescents, vont aujourd'hui s'étioler dans les villes, demeureraient, par leur colonisation, définitivement attachés à l'agriculture ; et nos jeunes populations coloniales, essentiellement homogènes, habituées à l'union et à l'organisation, se prêteraient facilement à l'association pour l'exploitation des terres en commun, l'un des moyens à essayer pour combattre les inconvénients du morcellement. Nos colons-soldats, associés, trouveraient certainement, dès lors, tout le crédit qui leur serait nécessaire pour le perfectionnement de leurs cultures ; et leur bien-être, considérablement augmenté, réagirait favorablement partout autour d'eux. Peut-être que leur exemple exercerait une salutaire influence, non-seulement sur les autres colonies, mais qu'il en résulterait de bons effets jusque sur les populations agricoles de la mère patrie.